# CATALOGUE
# DE TABLEAUX
## ANCIENS ET MODERNES.

AU MANS, IMPRIMERIE DE CH. RICHELET.

# CATALOGUE
# DES TABLEAUX
## ANCIENS ET MODERNES
## ET DES OBJETS D'ART ET DE CURIOSITÉ,

*placés dans une salle particulière à la Préfecture, pendant la durée de l'exposition générale des produits de l'industrie, qui ouvrira le 12 mai 1842, et durera un mois.*

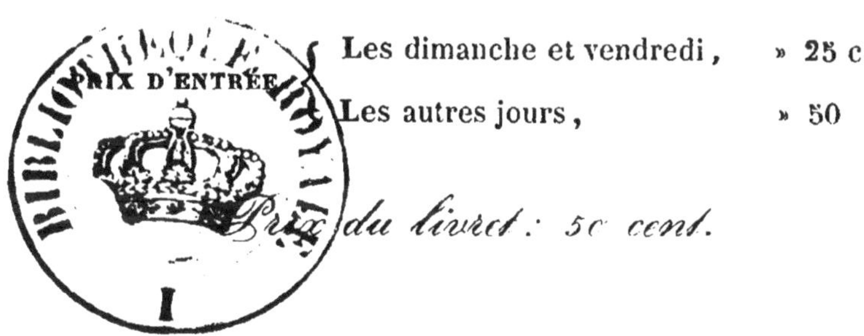

PRIX D'ENTRÉE { Les dimanche et vendredi, » 25 c.
Les autres jours, » 50

Prix du livret : 50 cent.

---

Les droits d'entrée et le produit de la vente du livret sont destinés aux salles d'asile et autres établissements de bienfaisance.

---

Se vend à la porte de l'exposition.

**Mai 1842.**

# EXTRAIT

## de l'arrêté de M. le Préfet du département de la Sarthe, en date du 10 février 1842.

ART. 8. Indépendamment de l'exposition publique, il est fait une exposition particulière de tableaux anciens et modernes, d'objets d'art et de curiosité ; le produit de cette exposition sera consacré aux salles d'asile et autres établissements de bienfaisance du Mans. Toutes les personnes qui possèdent des objets susceptibles d'y figurer sont priées de vouloir bien les envoyer. Les plus grandes précautions seront prises pour le placement et la conservation de ces objets.

EUG. MANCEL.

---

## CIRCULAIRE DE M. LE PRÉFET.

## EXPOSITION

## DE TABLEAUX ANCIENS ET MODERNES ET D'OBJETS D'ART ET DE CURIOSITÉ,

*faite au profit des établissements de bienfaisance.*

L'exposition générale des produits de l'Industrie et des Arts, qui doit avoir lieu cette année au Mans, a fait naître la pensée de former une exposition de peintures anciennes et modernes et d'objets d'art, désignés ordinairement sous le nom de *curiosités*.

Ce projet a un double but propre à lui assurer le concours de tous les possesseurs de cabinets ou d'objets isolés capables d'ajouter à sa solennité ; d'un côté, les droits d'entrée sont destinés à venir au secours des salles d'asile et des établissements de bienfaisance du Mans ; d'un autre côté, c'est un moyen de faire connaître les richesses disséminées que possèdent le département de la Sarthe et les départements limitrophes.

Cette exposition donnera place aux tableaux anciens et modernes, reconnus d'un mérite réel ; aux dessins de maîtres, aux manuscrits illustrés, aux gravures rares et recherchées, aux tapisseries historiques, aux émaux, vases historiés, vitraux ; aux sculptures anciennes ; aux meubles ciselés ou peints ; aux médailles, pierres gravées, bronzes, ivoires, etc.

Il sera délivré à chaque exposant un reçu, revêtu du cachet de la Préfecture ; les frais de transport, aller et retour, seront à la charge de l'exposition.

La salle où aura lieu cette exposition devant être construite tout exprès, chaque objet trouvera une place convenable et à l'abri du moindre danger. Des montres vitrées, fermant à clef, seront destinées à recevoir les raretés, qui, par leur volume ou leur délicatesse, auraient à craindre toute espèce de contact.

Un livret, rédigé avec une attention scrupuleuse, donnera l'historique des objets exposés, et fera connaître le nom de leurs propriétaires. Pour parvenir à plus d'exactitude, la commission recevra avec reconnaissance les notes et les indications que voudront bien lui remettre les exposants. Le produit de la vente de ce livret sera destiné à payer une partie des frais ; ou, s'il y a lieu, l'excédant sera employé à une œuvre de charité.

L'exposition des tableaux anciens et modernes ouvrira, comme l'exposition générale de l'Industrie, le 12 mai prochain et durera un mois.

Aucun objet ne pourra plus être admis, sans une délibération spéciale, passé le 5 mai.

Les membres de la commission auxquels on peut s'adresser pour faire connaître les objets qu'on aurait l'intention d'exposer, sont :

MM. De SAINT-REMY, *président.*
DROUET, Charles, membre du conseil général.
Le comte DESPLAS.
De BELLEFILLE.
DELARUE, architecte du département.
LECHAT.
L'abbé TOURNESAC.
ESPAULART, fils.
HUCHER, 1er commis de la direction de l'enregistrement.
FOURET, Evariste.
CHATEL, peintre.
RICHELET, *secrétaire.*

*Au Mans, hôtel de la Préfecture, le* 5 *avril* 1842.

Pour le maître des Requêtes, Préfet de la Sarthe, en tournée,

*Le Doyen du conseil de préfecture, secrétaire-général,*

J. FLEURY.

# RÉGLEMENT
## POUR L'EXPOSITION DE TABLEAUX
### ANCIENS ET MODERNES,

ET OBJETS D'ART ET DE CURIOSITÉ, FAITE EN FAVEUR DES SALLES D'ASILE, ET DES AUTRES ÉTABLISSEMENTS DE BIENFAISANCE.

ARTICLE PREMIER.

La Salle d'Exposition sera ouverte tous les jours pendant un mois, à partir du 12 mai, depuis onze heures du matin jusqu'à quatre heures du soir. Les personnes munies de cartes d'abonnement, et les exposants auront la faculté de visiter l'Exposition une heure avant le public.

ARTICLE 2.

Les droits d'entrée, dont nul ne peut s'affranchir, ont été fixés, pour les vendredi et dimanche, à 25 centimes, et pour les autres jours à 50 centimes.

ARTICLE 3.

On pourra prendre des cartes d'abonnement pour toute la durée de l'Exposition, savoir : du prix de 5 francs pour une seule personne, ou du prix de 6 francs, donnant droit à l'entrée du mari et de la femme.

ARTICLE 4.

La Commission sera toujours représentée dans la Salle par un de ses membres.

ARTICLE 5.

Toutes les autres dispositions réglementaires de l'Exposition générale sont applicables à l'Exposition particulière en faveur des Salles d'Asile.

Arrêté, avec l'autorisstion de M. le Préfet, en séance de la Commission spéciale, le 9 mai 1842,

*Le Président,*
CH. DE SAINT-REMY;

*Le Secrétaire,* CH. RICHELET.

# TABLEAUX,

# DESSINS,

# GRAVURES, LITHOGRAPHIES.

---

## PREMIÈRE DIVISION.

---

### M. CH. DE S.-R.

Van DRIDEN, peintre Flamand (école moderne).

1. Paysage. T.

VAN OUWATER (Albert), 1366. Ec. fl.

1 *bis*. La résurrection du Lazare. B.

MOORTEL (Jean), 1650. Ec. fl.

2. Fruits groupés. T.

SEGEERS (Daniel), dit le JÉSUITE D'ANVERS, 1590. Ec. fl.

3. Fleurs variées, groupées autour d'une Madone. T.

VERENDAEL. Ec. fl.

4. Fleurs diverses dans un vase. C.

BOECK (ÉLIAS Van den). Ec. fl.

5. Etude de fleurs. T.

BEGUIN. Ec. fl.

6. Paysage rappelant tout à la fois Jn. Both et Berghem (Nicolas). T.

WATERLOO (Antoine) 1618. Ec. fl.

7. Le moulin. Ce tableau a été gravé à l'eau forte par son auteur. B.

DIETERICH, né à Weimar en 1712. Ec. al.

8. Des voyageurs passent sur un pont en ruine. T. Ce tableau est gravé.
9. Paysage avec figures faisait partie de la collection du Comte Robiano. C.

ANTONISSEN d'Anvers. Ec. fl.

10. Paysages et figures. T.

HUISMANS de Malines. Ec. fl.

11. Paysage avec figures. T.
12. Site boisé. B
13. Pendant du précédent. B.

MAITRE INCONNU. Ec. fl.

14. Paysage, figures de Dewet. B.

DEMARNE. Ec. fr.

15. Le musicien ambubant. T.

BRÉEMBERG (Bartholomée), 1620. Ec. fl.

16. Diane sortant du bain. B.

Van der DOES (Jacques), 1623. Ec. fl.

17. Scène familière. B.

DEROYS, de Bruxelles. Ec. fl.

18. Vaches dans une prairie. B.
19. Vaches au paturages (pendant du précédent.) B,

ELLIGER OTTMAR. Ec. fl.

20. Les noces de Thétis et Pélée. Ce tableau est cité dans la Vie des peintres. T.

GÉRARD DOW (d'après). Ec. hol.

21. La femme hydropique. C.

WOUWERMANS (Philippe). Ec. hol.

22. Effet du soleil couchant. B.

WOUWERMANS (attribué à Philippe). Ec. hol.

23. Le cheval blanc. B.

MAITRE INCONNU. Ec. fl.

24. Jeunes filles chantant devant David qui leur présente la tête de Goliath. Le sujet de ce tableau est aussi celui d'une des plus belles gravures de Lucas de Leiden. B.

Van der WERF, (le chevalier Adrien) 1659. Ec. fl.

25. Un enfant fait des bulles de Savon. B.

BOILLY. Ec. fr.

26. Voleurs surpris (est gravé). T.
27. Jeune femme peignant. T.

ROBBE de Courtray. Ec. fl.

28. Repos d'animaux. T.
29. Etude d'âne et de moutons, pendant du précédent. T.

TASSI (Agostino). Ec. ital.

30. Paysage. L'auteur fut le maître de Claude Lorain T.

DE MONY ( attribué à ). Ec. fl.

31. Jeunes filles faisant des bulles de savon. B.

MOLENAER ( Glaas ). Ec. fl.

32. Paysage faisait partie de la collection de Saint-Victor. B.

SWEBACK DESFONTAINES. Ec. fr.

33. Choc de cavalerie. B.

DEKER. Ec. fl.

34. Paysage rappelant Jacques Ruisdael. B.

Van ASCH. Ec. fl.

35. Paysage et fabriques. B.
36. Marche d'animaux. B.

ZAFT LEVEN. Ec. fl.

37. Un marché d'animaux. B.

GRIFFIER ( Jean ). Ec. fl.

38. Paysages. C.

KOEKOEK. Ec. fl.

39. Etude de Paysage. B.

GILLES. Ec. angl.

40. La marchande d'images. B.

Van BLOEMEN ( Pierre ). Ec. fl.

41. Le maréchal ferrant. T.

BRASCASSAT. Ec. fr.

42. Etude. B.

JOLIVARD ( André ). Ec. fr.

43. Paysage. T.

REGMORTER. Ec. fl.

44. Paysage et fabriques. B.

FRANQUELIN. Ec. fr.

45. La miniature. T.

OSTADE ( d'après Adrien van). Ec. fl.

46. Intérieur de tabagie. B.

OSTADE ( Isaac van), 1610. Ec. fl.

47. Intérieur. B.

CORNEILLE DUSSART, 1665. Ec. fl.

48. Intérieur de cour. C.

Van KESSEL. Ec. fl.

49. Etude d'oiseaux aquatiques. C.
50. Intérieur de basse-cour. C.

EISEN père. Ec. fr.

51 Scène familière. B.
52. Le Perroquet. B.

COLONIA. Ec. fl.

53. Marche d'animaux ( effet de nuit ). B.
54. Effet de lune. B.

POELEMBURG ( Corneille ).

55. Paysage avec figures. C.

WAGNER. Ec. al.

56. Paysage. B.

Van TOL. Ec. fl.

57. L'ermite en prières. B.

LANGEINDEAC. Ec. fl.

58. Choc de cavalerie. B.

BREUGHEL et VAN BALEN, 1562. Ec. fl.

59. Pastiche, d'après Albert Durer. B.

BOUT ET BOUDEWINS. Ec. fl.

60. Paysage, orné de figures. B.

MAITRE INCONNU. Ec. fl.

61. Le sacrifice d'Abraham. B.

VERBOECKHOVEN (Eugène). Ec. fl.

62. Etude de cheval au repos. B.

DROLING. Ec. fr.

63. Chiens qui dansent. B.

MAITRE INCONNU. Ec. fl.

64. Paysage et animaux. B.

STELLA. Ec. fr.

65 Le printemps. B.

66. L'été. B.

## M. ALEX. LECHAT.

FRANCK (François), né à Anvers, en 1550, mort en 1642.

67. Embrâsement de Sodôme, fuite de Loth.

68. Construction de la Tour de Babel.

BREUGHEL (Jean), né à Bruxelles, en 1589, mort en 1643.

69. Réunion des animaux avant l'entrée dans l'arche.

BOUT et BOUDEWINS, vivaient en 1660.

70. Des voyageurs traversant une forêt.

ROTTENHAMER (Jean), né à Munich, en 1564, mort en 1604.

71. Le Christ flagellé par les Juifs.

TILBORGH (Gilles Van), vivait en 1658.

72. Les fumeurs.

BISCAYE, peintre flamand, né en 1622, mort en 1679.

73. Sainte Thérèse en extâse.

ELLIGER OTTMAR, né à Gottembourg, en 1633.

74. Roses, lis, œillets, insectes.

VERNET (Pierre), 1835.

75. Course de chevaux.

PARROCEL (Pierre), né à Avignon, en 1664, mort en 1739.

76. L'écusson du Cardinal de Fleuri, entouré de figures allégoriques.

---

## M. LE COMTE DESPLAS.

RIVALS (Antoine), peintre Toulousain du 17e siècle.

77. Samson endormi sur les genoux de Dalila, est livré par elle aux Philistins.

DESPAX (Jean-Baptiste), élève de Rivals.

78. David vient de tuer le philistin Goliath. Après avoir coupé la tête du géant, sa première pensée est de remercier Dieu de sa victoire.

(Ce tableau et le précédent ont longtemps figuré dans les galeries du château de Versailles.)

79. Un charlatan débite ses drogues aux habitants rassemblés d'un village. Dessin de François Casanova, peintre du 18e siècle.

VAN OSTADE. Ec. fl.

80. Petit fumeur.

BOUCHER. Ec. fr.

81. Un croquis de Bergère. (Pastel.)
82. Un croquis de jeune fille. (Pastel.)

M. ***

STALBEMT, né à Anvers, en 1580.

83. Abraham chassant Agar. C.

HUYSMANS de MALINES, né à Anvers, en 1648, mort en 1727.

84. Paysage. B.

JEAN BREUGHEL DE VELOURS, né à Bruxelles, en 1589, figures de Henri van Balen, né à Anvers, 1560.

85. Vertumne et Pomone. C.

GIAN FRANCESCO BARBERI DI CENTO, dit le Guerchin, né en 1590, mort en 1649.

86. Dessin à la sépia.

PRUDHON (attribué à), mort en 1823.

87. Dessin au crayon noir, rehaussé de blanc.

---

M. ***

RAPHAEL SANZIO. (d'après)

88. Copie italienne du tableau connu sous le nom de la Vierge au berceau. (Musée du Louvre.) T.

LE BRUN (Charles), né à Paris, en 1619.

89. Jésus-Christ au jardin des Oliviers. T.

VAN LOO (Jacques), né à l'Écluse, en Flandre,

90. Un étudiant allemand. B.

SCHELFHOUT (Antoine), de La Haye.

91. Un canal glacé, vue prise en Hollande. Bois.

ARRY SCHEFFER.

92. Le Christ bénissant les enfants, dessin.

---

Mme PARIS PERSENET (ESTHER).

Vieille rue du Temple, 122, à Paris.

RIBERA (copie d'après)

93. L'adoration des bergers.
(Le tableau original est placé Grande Galerie du Louvre, dans l'École Italienne.)

---

Mme HORTENSIUS DE SAINT-ALBIN.

JACCOBER (d'après)

94. Deux études fleurs et fruits sur porcelaine.

---

M. DE BOISGUILBERT, membre du conseil-général.

J. HOLBEIN, 1450.

95. Portrait présumé de Luther.
96. Portrait de Thomas Morus, (d'après Holbein.)

DESCOURS, peintre français.

97. Portrait d'homme.

LARGILLIÈRE, 1754, (attribué à).

98. Portrait de M$^{me}$ Le Paysan de Boisguilbert.

SANTERRE (attribué à).

99. Portrait de M. de Boisguilbert, lieutenant général du baillage de Rouen.

100. Portrait de M. de Motteville, président du parlement de Rouen.

---

M. ARMINGAUD, place Richelieu, 1, à Paris.

GÉRARD DOW. (d'après) par M. Richter.

101. La lecture de la Bible.

NETSCHER (d'après), par M. Richter.

102. La leçon de chant, copie tirée du Musée de La Haye. Une société de trois personnes représentant le peintre lui-même, sa femme et sa fille.

VAN MIERIS (d'après) par M. Richter.

103. Jeune femme endormie. C'est la femme de Gérard Dow que le peintre a représentée.

SCHLINGELAND (d'après) par M. Richter.

104. Les bulles de savon.

GÉRARD DOW (d'après) par M. Richter.

105. Jeune femme à la croisée.

LE CORRÈGE (d'après) par M. Richter.

106. La Vierge et l'enfant Jésus

## Mme DE GALLERAND.

PHILIPPE DE CHAMPAGNE, né à Bruxelles, 1602; mort à Paris, 1674.

107. Portrait d'une religieuse. T.

BOURGUIGNON, peintre français.

108. Deux batailles. T.
109. Portrait de femme. T.

---

## M. LE COMTE DE LASALLE.

LE BARON GROS, né à Paris, 1771, mort en 1835.

110. Portrait de Mme la comtesse de Lasalle (douairière), peint en 1812. T.

VAUDECHAMP, rue Royale, 12, à Paris.

111. Portrait du lieutenant-général, comte de Lasalle, tué à la bataille de Wagram, copie d'après Gros. T.

Le 29 octobre 1806, Lasalle, à la tête de 500 hussards du 5e et du 7e, prend Stettin; 6,000 prisonniers, et 100 pièces de canon tombent en son pouvoir.

GÉNIOLE.

112. Dessin à la mine de plomb.

INCONNU.

113. Achille pleurant sur le tombeau de Patrocle, sépia peinte à Rome.

M<sup>lle</sup> RIBAULT, rue Bourbon-le-Château, 1, à Paris.

REDOUTÉ.

114. Fleurs à l'aquarelle.

RUBENS (Esquisse attribuée à).

115. La destinée de Marie de Médicis.

On voit les parques filant les jours de Marie de Médicis, sous les auspices de Jupiter et de Junon, qui occupent la partie supérieure du tableau (1).

M. ***

REMBRAND (d'après).

116. La femme adultère.

BERRÉ.

117. Vaches.

SNAVE.

118. Intérieur.

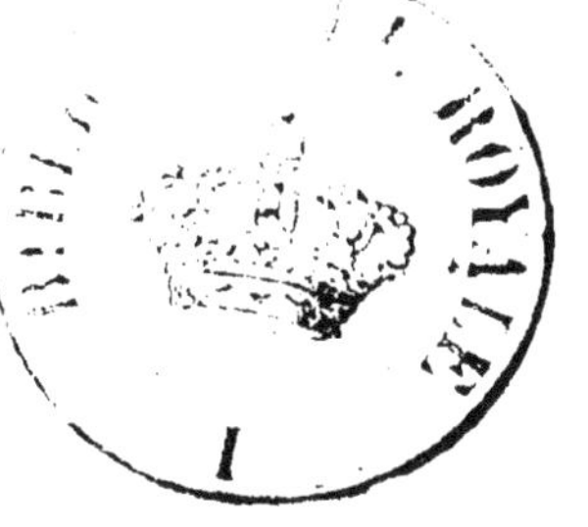

(1) En 1620, Marie de Médicis ayant choisi Rubens pour peindre, dans une des galeries de son palais, aujourd'hui le Luxembourg, les principaux événements de sa vie, depuis sa naissance jusqu'à l'arrangement qu'elle avait fait à Angoulême avec Louis XIII, son fils, ce peintre vint à Paris, composa ces tableaux et en fit des esquisses. De retour à Anvers, il n'employa que deux années à produire ces ouvrages qui sont au nombre de 21, et dont celui-ci est le premier, par ordre chronologique. (*Note communiquée*).

SOLIMÈNE.

119. La résurrection.

KOBEL l'ancien (Attribué à)

120. Vaches et moutons.

BEGUIN.

121. Cheval blanc.

---

## M. MASSOT DUPLESSIS.

NICASIUS (Bernard), peintre flamand en 1645.

122. Nature morte.

---

## M. BONNIÈRE.

JULIEN de Parme.

123. Jupiter endormi.

124. Jupiter caressé par Junon.

---

## M. LEMAIRE (CHARLES).

MIGNARD, peintre français.

125. Portrait d'homme.

126. Portrait de femme

---

## M. MERCIER, peintre à Angers.

GÉRICAULT.

128. Etude de cheval, donnée par l'auteur au propriétaire.

## M. RIVAULT.

OUDRI, peintre français.

129. Tableau de famille, représentant une halte de chasse.

## Mme LA COMTESSE DE LA GIROUARDIÈRE.

LECOEUR, né au Mans.

130. La famille anglaise.

## M. SALLARD (HYPPOLITE.)

ROBERT-LEFÈVRE, né à Caen.

131. Portrait de madame Dalayrac.

JOLIVART, né dans le département de la Sarthe.

131 *bis*. Paysage.

## M. BOURCIER.

GUIDO RENI (attribué à).

132. Saint Sébastien.

## M. PORTEBOEUF (de Rouézé).

FRANCK, peintre flamand.

133. Le Christ en croix.

---

## M. ÉVARISTE FOURET.

### ECOLES PRIMITIVES D'ITALIE.

### 14e et 15e siècles.

*Peintures en détrempe, à l'œuf et gommées.*

SIMONE MEMMI, de Sienne, contemporain de Giotto, né en 1286, a peint au Campo Santo de Pise.

134. Vierge et Enfant Jésus mordu par un oiseau, expression de la douleur des plus hardie, pour l'époque, qui évitait toujours les sujets d'action.

PIETRO DI LORENZO, de Sienne, appelé par Vasari Pietro Laurati, vivait dans la première moitié du 13e S., a peint aussi au Campo Santo.

135. (2 Tableaux). Sainte Agnès et saint Simon.

. TADDEO GADDI (attribué à), élève de Giotto et florentin comme lui, né en 1300, vivait encore en 1352.

135 *bis*. Saint Jacques.

PEINTRE MINIATURISTE SIENNOIS de cette époque.

136. (2 Tableaux). Saint Nicolas et sainte Catherine.

AUTRE INCONNU SIENNOIS.

136 *bis*. Christ en croix, pleuré par la Vierge, saint Jean et deux Anges.

MASOLINO DA PANICALE, florentin, maître de Masaccio, élève de Lornezo Ghiberti et de Starnina, mort en 1415, à 37 ans, a peint avec son élève à l'église des Carmes de Florence.

137. Sujet de la vie du roi David, costumes civils de l'époque.

138 Mort d'Absalon, costumes militaires.

ANDREA DEL CASTAGNO (attribué à), florentin, mort en 1477, âgé de 74 ans.

139. Saint François recevant les Stigmates, imitation de l'école de Jean Van-Eych, cherchée dans le paysage.

BERNARDINO FUNGAI de Sienne, fin du 15e siècle.

140. Vierge, Enfant Jésus, saint Evêque et saint Sébastien.

INCONNU vénitien, sous l'influence de l'école de Van-Eych.

140 *bis*. Vierge en adoration avec saint Jean.

ECOLES ITALIENNES.

16e siècle.

ANDREA MANTEGNA, né à Padoue, en 1430, mort en 1505, chef de l'école lombarde.

141. Tête de Christ mourant.

SANDRO BATTICELLI (Filipepi), contemporain du Pérugin et de Ghirlandajo, mort en 1515 a peint à la Sixtine.

142. L'Enfant Jésus adoré par la Vierge et saint Jean. *Détrempe.*

FILIPPINO LIPPI, élève du précédent, et fils de Fra Filippo Lippi, mort aussi au commencement de 1500.

143. Vierge et Enfant Jésus sous un baldaquin, tenu par des anges, aussi peint à la détrempe.

LORENZO DI CREDI ( attribué à Sciarpelloni ), élève d'Andrea Verrocchio et imitateur de Leonardo da Vinci, mort vieux en 1532.

144. Sainte Véronique, peint en détrempe.

FRANCESCO FRANCIA ( Raibolini ) bolognais, fut orfèvre dans sa jeunesse, et ne peignit que passé 30 ans, vers 1490, mort en 1535, Raphaël l'a honoré de son estime.

145. Vierge, Enfant Jésus et saint Jean.

LORÉNZO COSTA, ferrarais, imitateur de Francia, mort vieux en 1530 à Mantoue.

146. Vierge et saint Jean en adoration devant l'Enfant Jésus.

PALMA VECCHIO ( le vieux ) contemporain du Titien.

147. Vierge sur son trône avec l'Enfant Jésus dans le style de Jean Bellin son maître.

BACCIO DELLA PORTA, surnommé Fra Bartolomeo di San Marco, né en 1469, mort en 1517. Florentin. Fut lié d'amitié avec Raphaël. Tableau provenant de l'ancienne galerie Gondi, à Florence.

148. Vierge, Enfant Jésus et saint Jean.

FRA SEBASTIANO del Piombo, né à Venise en 1485, mort à Rome en 1547. Protégé de Michel-Ange, qui l'opposa à Raphaël.

149. Portrait présumé de César Borgia, provenant de la galerie Gondi, à Florence.

ANDREA VANNUCCHI, surnommé DEL SARTO, aussi florentin, né en 1488, mort en 1530.

149 *bis*. Le Christ prenant congé de la Vierge.

JACOPO CARNUCCI dit PONTORMO, élève d'André del Sarte, né en 1493, mort en 1558.

150. Portrait de Vittoria Colonna, marquise de Pescaire, qui inspira plusieurs sonnets à Michel-Ange. Première manière de l'auteur.

Du même PONTORMO.

151 Portrait de Gonfalonier florentin, fait sur une peinture du 14e siècle.

BENVENUTO TISI DE GAROFOLO, ferrarais, élève de Bocaccini de Cremone, et ensuite de Raphaël dont il fut imitateur. Imita aussi d'autres écoles.

152. La Vierge et saint Joseph en adoration devant l'Enfant au berceau.

BARROCCIO (Fiori). Le Baroche, né à Urbin, en 1528.

153. Copie libre d'une vierge de Raphaël, qui se voit à Rome dans la galerie Cammuccini.

LAVINIA FONTANA, née à Bologne en 1552, imitateur de Paul Veronèse.

154. Copie d'un tableau du Titien, qui existe à la galerie Manfredi à Vénise.

PIETRO FRANCISCO MOLA, élève de l'Albane, peignait au commencement du 17e siècle.

155. Vue des environs de Rome.

PACHECO de Séville, né en 1571, mort en 1654, maître de Velasquez.

156. Un moine portant les instruments de la passion.

VAN-ASCH.

157. Paysage.

PIERRE DE LAER, dit BAMBOCHE, ami et imitateur de Claude Lorrain.

158. Ruines de la campagne de Rome, effet de soleil couchant.

MAITRE INCONNU, vieille école allemande du commencement de 1500.

159. Christ en croix, pleuré par Marie et saint Jean.

---

M. CHARLES DROUET, du Mans.

MAITRE INCONNU, (vieille école).

160. Une Vierge et l'enfant Jésus.

VAN DER DOES.

161. Bœuf, chèvre et mouton.

LECOEUR, né au Mans.

162. Un intérieur, la laitière.

PEAU SAINT-MARTIN, peintre, né dans le département de la Sarthe.

163. Un paysage.

JOLIVARD, peintre, né dans le département de la Sarthe.

164. Iintérieur de la forêt de Fontainebleau.

---

## M. LEROY, rue de Marengo.

MAITRE INCONNU.

165. Un tableau de fleurs.

DESPORTES, peintre français.

166. Un tableau de gibier.

MAITRE INCONNU. Ecole franç. 18e siècle.

167. Un tableau représentant un vieillard aux pieds d'une madone.

---

## M. CHAUVEL, du Mans.

BIBIENA, 1657.

168. Deux vues des ruines de Palmyre.

M. HUCHER, du Mans.

SCHIDONE (attribué à). Ecole du Corrége.

169. Agar et Ismaël.

M. DE MONTZEY, de la Flèche.

BRIL (Paul). Ec. Holl.

170. Un paysage.

M. ****.

DEWET (attribué à).

171. Deux portraits, (sous le même n°)

MAÎTRE INCONNU.

172. Un portrait.

M. ***

VAUDECHAMP, copie d'après un tableau attribué à Rigaud.

173. Portrait de M. le Vicomte Menjot de Groutel, trésorier de France, à Alençon, né en 1660, mort en 1713.

M. MALHERBE, rue Auvrai.

DAVID (attribué à).

174. Portrait de M. Judelle, membre du conseil des Anciens.

MAITRES INCONNUS.

175. Un portrait d'homme de la maison de L. Past.

176. Un portrait de femme de la maison de L. Past.

M. TOUPIOLLE, place des Halles.

MAITRE INCONNU.

177. Une Sybille. B.

LE SÉMINAIRE DIOCÉSAIN.

.... (attribué à).

178. Un saint François.

M. DEMORIEUX.

VALIN.

179. Etude de femme.

LOQUET.

180. Etude de chien.

M. DELARUE, architecte du département.

RUBENS (attribué à Pierre-Paul).

181. La tête de S. Jean présentée à Hérode.

BREUGHEL.

182. Paysage.

CARLO DOLCI (attribué à).

183. Tête de Christ.

---

## Mme CHARPENTIER.

ALLAIS, peintre français, 18e siècle.

184. Portrait de M. ***

185. Portrait de Mme ***

---

## M. BENOIST, du Mans.

G. VRYN (signé :)

186. Deux batailles sous Louis XIV.

BROUWER (attribué à).

187. Paysage.

MAÎTRES INCONNUS.

188 Deux buveurs.

188 *bis*. Le bienheureux Félix.

189 Sainte Thérèse. C.

---

## M. F. DE VAUGUYON.

Mme HERSANT.

190. Louis XIV, soutenu par Mme de Maintenon, donne sa dernière bénédiction au dauphin

Louis XV, qui lui est présenté par M^me^ la duchesse de Ventadour.

BOILLY.

191. Une jeune femme assise, près d'elle deux jeunes enfants jouent avec un chien.

---

## M. CHARLES DE VANSSAY.

LAUMONIER.

192. Portrait d'un capitoul.

---

## M. VIDAL.

VIDAL, peintre français.

193. Fleurs et fruits.

LECOEUR, né au Mans.

194. Intérieur.

MAITRE INCONNU.

195. Groupe de joueurs.

---

## M. BIDAULT, notaire au Mans.

JOLIVARD, né dans le département de la Sarthe.

196. Deux paysages.

MAITRE INCONNU.

197. Un petit portrait d'homme.

---

## ÉGLISE DE SAINT-BENOIST.

CARRACHES ( écoles des ).

198. Le Christ mort, la tête appuyé sur les genoux de la Vierge.

---

## M. SIMIER.

A. SCHEFFER.

199. Portrait de M. Moreau de la Sarthe.

---

## M. BUSSON ( JOSIAS ).

SARRAZIN.

200. Un paysage.

MAITRE INCONNU.

201. Mariage de Sainte Catherine, miniature, cadre en cuivre.

---

## M. G***.

VAN DER MEULEN (attribué à).

202. Bataille du temps de Louis XIV.

COYPEL.

203. L'enlèvement d'Europe.

ALBANNE (genre de l').

204. Fête du printemps.

---

## M. VASSAL.

M. RUHIERRE.

205. Enfants gardant du gibier. Gravure d'après Robert Fleury.

206. Le Christ aux anges. Gravures d'après Ch. Lebrun.

M. KONIG.

207. Portrait du docteur Gall. Gravure.

208. Deux dessins à la mine de plomb.

209. François Ier visité à Madrid par sa sœur. Gravure d'après Alf. Johannot.

210. Arrestation du marquis de Gespière. Gravure d'après Johannot.

211. La bataille d'Austerlitz. Gravure par Ruhierre d'après Gérard.

212. Reddition d'Ulm. Gravure par Ruhierre.

213. Lithographie par Alfred de Dreux.

214. Portrait de Madame la duchesse d'Angoulême, gravé par Lignon.

---

## Mme DE MÉZIÈRE.

215. Gravure du collier.

---

# OBJETS

# d'Art et de Curiosité.

## DEUXIÈME DIVISION.

### M. ***

216. Vierge en marbre blanc. 15e siècle.

217. Jésus parmi les docteurs, bois sculpté. Attribué à Etienne Le Hongre, règne de Louis XIV.

FRANÇOIS, Limousin. Milieu du 16e siècle.

218. Plat en émail, représentant un sujet mythologique. Le revers est armorié sur un fond noir, semé d'arabesques en or.

219. Vase en émail, même époque.

220. Assiette en émail, fin du 16e siècle. Sacrifice d'Abel.

N. LAUDIN, fin du 17e siècle.

221. St-Bernard, émail.

222. Bénitier.

223. Ste-Catherine.

224. Christ en croix, émail du 12e siècle.

225, Flambeau en fer forgé, ciselé et doré, provenant d'une église du Mans. 12e siècle.

226. Serrrure de bahut. 15e siècle.

BERNARD PALISSY, né en 1500, mort en 1589.

227. Plat ovale, Jésus lave les pieds des apôtres.
228. Plat rond. Persée et Andromède.
229. Plat à jour, pour recevoir des fruits.
230. Vase représentant un rocher avec des reptiles.
231. Plat, fayence italienne, émaillé, Deucalion et Pyrrha, fin du 16e siècle.
232. Autre, même époque.
233. Buire, fayence émaillée en relief. 16e siècle.
234. Pot de grès flamand, émaillé.
235. Pot de grès, orné de figures et d'armoiries avec la date de 1657.
236. Bourse que le roi donnait aux élus, lors de leur entrée en charge 1740.
137. Arquebuse à Rouet, montée en écaille et argent, gravé, 16e siècle.
238. Boîte Lapis.
239. Sceau du chapitre de saint Julien du Mans, au XVe siècle.
240. Sceau de Pierre Barbe, roi de Bazoche, en l'an 1539.
241. Sceau de Chatellenie.
242. Cinq autres sceaux.
243. Verre en verroterie de Venise.
244. Vase en verroterie peinte.

245. Rape à tabac aux armes et chiffre de Martin Dubelley.

246. Livre relié en argent repoussé et ciselé. Temps de Louis XV.

247. Soupière en porcelaine de Saxe.

248. *Id.* en vieux Sèvres.

249. Miroir. Temps de Louis XIII.

---

M. CHARLES DROUET, du Mans.

250. Une pendule, OVRRY, à Paris, de l'époque du règne de Louis XIII.

251. Un plat en terre de Palissy.

252. Un petit pot, en terre brune, représentant un aigle tenant un serpent dans ses serres. XVe siècle.

253. Une bouteille, en terre noire vernissée, du règne de Louis XIII.

254. Un sucrier, en fayence ancienne.

255. Un ornement, terre vernissée avec figures. Au XVIe siècle, on couronnait les aiguilles des châteaux ou maisons considérables.

256. Un manuscrit sur vélin, ***preces piæ***, 1400 à 1440.

257. Un autre manuscrit idem, ***preces piæ***, idem.

258. Une rape à tabac, complète, unie, en ivoire.

259. Un dessous de rape *idem*, en buis sculpté, légende, *fidélité mérite amour*, 1710.

260. Un dessus de rape *idem*, en buis sculpté, *saint Charles* est à genoux devant un crucifix.

261. Quinze sceaux divers, dont celui de Guillaume Desroches, sénéchal du Maine et de l'Anjou, est cliché en plâtre.

262. Un médaillon en bronze de M. de Tressan, évêque du Mans.

263. Sainte Catherine, bas-relief en tableau, tiré de l'abbaye de la Perrigne, Sarthe, époque de Charles VIII à Louis XII.

264. Une porte de bahut, avec portrait et arabesque, renaissance.

265. Deux panneaux en bois, avec portraits, renaissance.

266. Un autre panneau sculpté, *idem*.

267. Une boîte à lettres, sculptée, règne d'Henri IV à Louis XIII.

268. Une masse d'armes fort ancienne.

269. Un Gros canon ou boîte énorme du XIVe siècle.

270. Un petit canon ou boîte, *idem*.

271. Ecusson, armes du chapitre de saint Pierre, bronze.

272. Un clou de porte, du temps de Louis XII à François Ier.

273. Un petit bronze, sacrifice d'Abraham, règne d'Henri II.

274. Un Eperon doré, règne d'Henri II.

EMAUX.

275. Trois fermoirs de l'époque bysantine, (émaux).

276. Rosace du XIII$^{e}$ siècle, (émail).

277. Deux salières, règne de Louis XV (émaux).

MEUBLES.

278. Etagères à colonnes torses, Louis XIII.

279. Guéridon *idem*, *idem*.

280. Table. *idem*, *idem*.

281. Boîte carrée, sculptée, règne de Louis XIV, contenant les objets suivants :

Une croix pectorale en pierre verte, montée en or, trouvée dans un tombeau découvert sur l'emplacement de l'ancienne abbaye de Beaulieu, près le Mans.

BAGUES.

Bague gauloise, en métal mélangé.

5 Bagues romaines ou gallo-romaines, en or, avec pierres gravées et camée.

Bague romaine, en argent, sacrifice à Priape.

Bague carlovingienne, en argent, on y remarque encore de la dorure.

Bague du moyen-âge, en argent, avec un jaspe sanguin antique, tête de Jupiter sérapis.

6 Bagues diverses du moyen-âge.

PIERRES GRAVÉES.

Tête de guerrier romain, Sardoine.
Silène dans l'ivresse, *idem.*
Diane chasseresse, *idem.*
Ganimède enlevé par Jupiter, *idem.*
Therpsycore, *idem.*
Jupiter et Léda, l'amour à leurs pieds aiguise ses flèches. *idem.*

---

## M. LE COMTE DE LASALLE.

282. Buste de l'impératrice Joséphine, donné à Madame la comtesse de Lasalle, par l'impératrice elle même.

283. Tête d'Ajax, mosaïque donné par S. S. Pie VII, au père de M. le comte de Lasalle

284. Une toque russe.

285. Découpures, faites aux ciseaux.

286. Un vitrier, un bucheron, un faucheur, un commissionnaire, statuettes en porcelaine russe.

287. Sucrier et salières, en porphyre de Suède.

288. Couteaux à chasser l'ours en Russie.

289. Navaja, couteau espagnol.

290. Œuf de Pâques russe. La coutume en Russie est, à Pâques, d'offrir aux dames un œuf de cette espèce.

391. Deux paires de tiges de bottes Russes.

292. Fusil de chasse, donné par Napoléon au père de M. le comte de L.

---

M. ****.

293. Poire à poudre en corne gravée. 16e siècle, trouvée au château de l'Arthuisière, près la Flèche (Sarthe).

294. Bourse d'Alger.

295. Figurines en porcelaine de Saxe.

296. Yatagan, poignée et fourreau en argent.

297. Amulette, médaille en argent.

298. Médaille des princes de Lorraine, en argent.

299. Sac à tabac de Constantinople.

300. Une tasse de vieux Sèvres bleu et or.

AUTOGRAPHE.

301. Lettre du cardinal de Bouillon au roi, en lui renvoyant le cordon de l'ordre du Saint-Esprit.

---

ÉVÊCHÉ DU MANS.

302. Un meuble du temps de Louis XV.

---

M. ****

303. Une montre en or : les deux boîtes sont ornées de dessins gravés et rehaussés dans le goût de Louis XV.

304. Une coupe en ancienne verroterie de Venise.

305. Deux boîtes peintes par Martin Denecke, de Nuremberg ; la plus grande représente un triomphe d'après une fresque de Cornelius de Munich.

306. Une cafetière en argent, du temps de Louis XV.

---

M. HUCHER, DU MANS

307. Un bahut (Henri III), avec sa garniture intérieure, en soie, couverte en crochets d'or, du temps.

308. Un Prie-Dieu (Louis XIV).

309. Un groupe en bois sculpté (Henri II), représentant Jésus-Christ livré par Judas.

310. Une galerie en bois sculpté (Louis XII).

311. Une porte en bois sculpté (Henri II), représentant deux anges exaltant un chiffre.

312. Un pot flamand à personnages et armoiries, portant la date 1607.

313. Un pot français, représentant Louis XIV et Marie-Thérèse, portant la date 1679.

314. Un vase funéraire ou cinéraire.

315. Une lampe romaine avec le masque tragique.

316. Trois sceaux des 15, 17 et 18e siècles, dont un, le sceau des notaires du Gué-de-Maulny.

317. Deux haches celtiques ou prétendues telles, de formes peu communes.

318. Deux rosaces en bronze, provenant d'armatures de manuscrits.

319. Sept fragments de bronze dont une clef, une spatule, et trois agraffes, dont une fleurdelisée.

320. Cinq pommeaux d'épée des 14, 15 et 17e siècles.

321. Un éperon de chevalier du 15e siècle.

322. Une poignée de claymore du 16e siècle.

323. Une Ste-Catherine en marbre blanc, antérieure à la renaissance.

324. Un bénitier (Henri III).

325. Une petite fourchette à manche doré (Henri IV).

---

M. DE MONCÉ, chanoine de saint Julien du Mans.

326. Manuscrit sur vélin du 12e siècle.

327. Manuscrit sur vélin, livre d'heures. 15e siècle.

328. Livre d'heure, imprimé sur vélin, avec vignettes sur bois, en 1491.

---

M. BOILLEAU, conservateur du cabinet de la société archéologique de Tours.

329. Douze émaux, commencement du 16e siècle;

école allemande, représentant le chemin de la Croix.

330. Deux Coupes de Laudin de Limoges ; Signées I.L.

331. Une sainte Madeleine, signée *Laudin au faux-bourgs de Manigne, à Limoges. I. L.*

332. Une émail d'Italie, représentant Jupiter et son aigle.

333. Une bourse, avec deux portraits émaillés ; peut-être une bourse à tabac.

---

## M. BERTAULT, DU MANS.

334. Un Christ en bois, encadré, la bordure du cadre en bois est de la fin du 16e siècle ou du commencement du 17e.

335. Une cruche historiée, en terre brune-rougeâtre.

336. Une pendule, en cuivre doré, faite au Mans, en 1633, par Jean Hiver.

337. Une pendule espagnole, 1716.

---

## M. BENOIST, DU MANS.

338. Deux émaux, salières.

339. Dessus de boîte à mouches, émail.—Verre peint. Dessus de boîte.

340. Une brosse, bois sculpté.

341. Grand Christ en ivoire.

342. Trois médaillons italiens, en ivoire.

343. Douze sceaux divers.

344. Aristote, en bronze.

345. Benitier du règne de Louis XIV, idem. doré.

346. Petite clef, style Bysantin, id. — id.

347. Médaille de Louis XIII, fondation du vieux château de Versailles, en bronze.

348. Bas relief, Jésus au Jardin des Oliviers, id.

349. Partie de piédestal, sculpture de la renaissance.

350. Deux portes de bahut, avec serrures du temps de Louis XII à François Ier.

351. Deux bas reliefs ovales, Jésus et la Vierge, bustes du temps de Louis XIV.

352. Un bouclier rond.

353. Coutelas d'abordage, pris à la Casauba, Algérie, en 1830.

354. Epée, ornements de la poignée à jour.

355. Trousse d'écuyer tranchant, avec un grand couteau, une petite fourchette et un petit couteau, style du temps de François Ier.

356. Email circulaire, David rex, 1580 à 1595.

357. Deux émaux, grisaille, l'hiver et l'automne; par Denicaut.

358. Emaux, Vierge, grisaille; par H. Poucet, vers 1590.

359. — Une Madeleine, idem., idem.

360. — Filius Dei; par Laudin, I. L.

361. — Jésus portant sa croix.

362.* — Ste-Thérèse en extase.

363. — St-Louis.

364. — Un Baguier.

365. — Une tasse et sa soucoupe.

366. — Une petite soucoupe.

367. — Un médaillon, l'amour.

368. — Un médaillon encadré.

369. Etui de ciseaux, en argent, style de Louis XIII.

370. Rape à tabac, en fer, ciselures, légende, ***vive le cœur.***

371. Agathe polie, avec inscription.

372. Pierre sculptée, aigle avec légende, dans une couronne de feuilles; extraite des murs de la vieille porte du Mans.

---

## M. LAMBRON.

373. La mort de la Vierge, émail du commencement du 16e siècle.

## M. LE MARQUIS DE LOYAC DE VANDOEUVRE.

374. Email, un Baguier, règne de Louis XIV.

375. Calice et sa patène, 15e siècle.

376. Huit morceaux de bronze, gallo-romains.

377. Diverses poteries rouges, noires, etc, gallo-romaines.

378. Serrure avec sa clef, Louis XIV.

379. Découpure aux ciseaux, provenant de l'ancienne maison royale de Saint-Cyr, et que l'on croit avoir appartenu à Madame de Maintenon.

### AUTOGRAPHES.

380. Charles VIII, roi de France, à Jean Levoyer, l'un des gentilshommes de son hôtel.

Catherine de Médicis.

Henry III roi de France, au pape Grégoire XIII.

Henri IV, idem.

Louis XVI. Note en marge d'un rapport.

Louis XVIII et Charles X. Arrêté signé à Coblentz en 1792.

Marguerite, reine de Navarre, auteur de l'Heptaméron. Parchemin.

Catherine de Navarre, sœur de Henry IV. Lettre.

Le duc de Mayence. Ordre.

Charles de Lorraine, duc de Guise, fils du *Balafré*, et que les Etats de Paris proposèrent de déclarer roi de France. Certificat.

Le maréchal de Biron, décapité à la Bastille en 1602. Ordre.

Gaston d'Orléans, frère de Louis XIII. Ordre.

Le Grand Condé. Ordre.

Madame de Maintenon. Lettre écrite environ cinq mois après la mort de Louis XIV.

Comte de Grignan, gendre de Madame de Sévigné. Lettre.

Stanislas Leckzinsky, roi de Pologne. Lettre

Le prince de Condé, mort en 1819. Lettre.

Le cardinal de Richelieu. Instruction.

Le cardinal Mazarin. Lettre.

Colbert, contre-seing d'une signature de Louis XVI.

Le maréchal de Richelieu. Lettre à M. de Sartines.

Sir Sidney Smith, (l'amiral.) Lettre.

Canaris, le héros grec. Lettre à son fils.

Le Bailli de Mirabeau, oncle de l'orateur. Quitt.

Le marquis de Mirabeau. L'auteur de l'ami des hommes, père de l'orateur. Lettre.

Mirabeau. Une lettre et un billet. On croit que ce dernier est écrit à M. Talon.

*Sophie* Ruffey, marquise de Monnier, maîtresse de Mirabeau. Lettre.

Masers, dit *Latude*, fameux par sa longue détention à la Bastille et autres prisons. Mémoire au roi.

D'Alembert. Lettre au comte de Tressan.

Cassini, l'auteur des Cartes Géographiques. Lettre au même.

Cabanis. Lettre à Saint-Ange.

De Candolle, le botaniste. Lettre.

Grétry.

Alexandre de Humboldt.

Lavoisier. Lettre au comte de Tressan.

Maltebrun. Lettre.

Monge. Lettre, au moment de sa mise à la voile pour l'Egypte.

Pothier, le jurisconsulte.

Le prince de Talleyrand. Lettre.

Sontonhax, l'un des trois commissaires civils Saint-Domingue. Billet.

Le maréchal de Rochambeau. Billet.

Bailly, l'astronome, premier maire de Paris. Lettre au comte de Tressan.

Pétion de Villeneuve. Feuillet de ses Mémoires.

Le général Marceau. Lettre.

Le général Foy. Lettre.

Bernadotte, roi de Suède. Apostille.

Maréchal Macdonald. Lettre.

Maréchal Ney. id.

Murat, roi de Naples. Lettre.

Joseph Bonaparte, roi d'Espagne. Billet.

Lucien Bonaparte, prince de Canino. Lettre.

Eugène Napoléon. Arrêté.

Napoléon. Un mot et paraphe.

L'impératrice Marie-Louise, et le cardinal Fesch. Brevet.

Andrieux, l'auteur comique, à mademoiselle Colin d'Harleville. Lettre.

Arnault, l'auteur de Germanicus. Lettre.

Barthélemy, l'auteur du voyage d'Anacharsis. Lettre.

Beaumarchais. Lettre.

Béranger, le chansonnier. Lettre.

Bossuet, traduction d'un passage de saint Chrysostôme.

Buffon. Lettre au comte de Tressan.

Madame Campan. Lettre.

Chamfort. Lettre à Saint-Ange, le traducteur d'Ovide.

Châteaubriand. Lettre.

Colin d'Harleville. id.

Delille (Jacques). Certificat.

Désaugiers, le chansonnier. Lettre.

Fénélon. Lettre.

Fontanes. Lettre à M. de Saint-Ange.

Madame de Genlis. id. id.

Ginguené. id. id.

La Harpe. id. id.

Lalande, l'astronome.

Le prince Lebrun, traducteur du Tasse et d'Homère.

Legouvé, auteur du Mérite des Femmes. Lettre.

Népomucène Lemercier. Lettre.

Marmontel. Lettre en vers et en prose.

Palissot, auteur de la Dunciade.

Silvio Pellico, fragment de lettre à Maroncelli.

Picard, le comique.

Piron, manuscrit de son *Danchet*.

Jean Reboul, le boulanger de Nimes. Vers.

Saint Ange, traducteur d'Ovide. Vers inédits.

Saint Lambert, auteur des Saisons. Billet au Comte de Tressan.

Bernardin de St-Pierre. Lettre à St-Ange.

L'abbé Sicard. Lettre.

Thomas, l'auteur des Eloges. Lettre à St-Ange.

Le Comte de Tressan, traducteur de l'Arioste. Billet.

Voltaire. Lettre au Comte de Tressan.

Madame Cottin, l'auteur de Mathilde. Lettre à l'abbé de Tressan.

M. LEMERCIER, du Mans.

381. Manuscrit sur vélin, *preces piæ*, du XV$^{e}$ siècle, avec lettres en or, et onze vignettes.

382. Cruche en terre brune historiée, XVI$^{e}$ siècle, règne d'Henri IV à Louis XIII.

383. Petit pot flamand.

384. Rape à tabac, complète, en bois sculpté, avec chaînette en argent.

385. Bénitier, cuivre doré, du règne de Louis XIV.

386. Croix de Jérusalem, en nacre, ciselée.

387. Grand émail, l'adoration des Mages.

388. Ecusson, secondes armes de la ville du Mans.

389. Ecusson, armes de la cathédrale du Mans.

---

M. CAMPEAU DESAINT, de Savigné l'Evêque.

390. Email, une Vierge, par *Laudin*, J. L.

391. Autre, une Madeleine, par *idem*.

392. Couteau et sa gaîne, en argent émaillé, du règne de Louis XIV.

---

M. DESBERRIES, juge au Mans.

393. 2 cadres contenant divers objets gallo-romains, trouvés sur des squelettes, dans un cimetière découvert au bourg de Conlie, en juin 1838.

## M. POYD'AVANT, de Ballon.

394. Coffret à incrustations.

395. Médaillon italien de Tirageau, jurisconsulte (1552).

---

## M. JULES LALANDE, du Mans.

396. Pot portant l'effigie du dauphin, fils de Louis XIV.

---

## M. LE COLONEL QUENTIN.

### PIERRES GRAVÉES MYTHOLOGIQUES.

397. Une Euménide. Jaspe fleuri. 3e époque de l'art grec. Comme généralement les amateurs attribuent cette figure à Méduse, nous devons justifier l'attribution très différente que nous lui donnons :

D'après toutes les traditions de l'antiquité, Méduse était belle. La Méduse de Solon, célèbre graveur, est d'une grande beauté. Or la beauté ne pouvait être le partage d'une Euménide, dont l'emploi était de tourmenter les âmes dans le Tartare.

La laideur de la figure représentée sur la pierre n'est point une laideur vulgaire. C'est un type caractéristique de la méchanceté d'une furie. L'excellence du travail, les reliefs difficiles qui forment le creux du tour des yeux et l'enfoncement de la bouche, indiquent un artiste habile, et capable de faire une belle figure.

L'art grec n'avait pour objet que le beau. Cette règle ne souffrait d'exception que pour les sujets hiératiques, incompatibles avec la beauté, et qui nécessairement étaient rares. Aussi les Euménides n'ont été que très-rarement représentées par les artistes de l'antiquité.

398. Jupiter sérapis. Cornaline orientale. 3e époque. Cette pierre, dont le travail est du plus haut style, représente le Jupiter dont le buste est à Rome au musée Clémentin.

399. Sylène ivre. Cornaline de l'espèce des gemmes. 3e époque.

400. Bacchante. Cornaline orientale. 3e époque. Cette pierre porte le nom d'Illou, graveur célèbre. Inédite, ne se trouve pas dans le recueil de Stoch et Bracci.

401. Faune tenant une coupe. Cornaline. 4e époque.

402. Amour à cheval sur un lion. Nicolo. 3e époque. Cette pierre qui porte le nom de Micon est inédite. Stoch et Bracci ne l'ont point connue.

403. Melpomène, muse de la tragédie. Sardoine. 3e époque.

404. Iole portant la massue d'Hercule. Sardoine. 4e époque.

405. Faune caressant une chèvre, montée sur un anneau de fer. Sardoine. 3e époque. L'on voit une pierre presque semblable dans le cabinet des pierres gravées du duc d'Orléans. Il y a cette différence, que la chèvre ne tourne pas la tête. Il existe au musée de Naples un groupe en bronze qui représente le même sujet.

406. Sacrifice à l'hymen. Cornaline. Epoque de la Renaissance. Cette pierre porte le nom d'Aulus, graveur grec; mais nous la croyons de Flavius Sirlet, graveur de la renaissance, célèbre par son talent pour contrefaire l'an-

tique, et dont les œuvres sont très estimées.

PIERRES ICONOGRAPHIQUES.

407. Hyppocrate. Sardoine. 3e époque.

408. Socrate. Cornaline. 4e époque. Cette pierre a appartenu à l'infortuné Louis XVI.

409. Diogène. Cornaline orientale. 4e époque. Cette pierre a porté le nom de Solon, célèbre graveur. Carlo Fea, commentateur de Winkelmann, pense que Solon était postérieur à Trajan, attendu qu'il n'est point au nombre des gravaurs célèbres cités par Pline.

410. Cicéron. Sardoine. 4e époque. Cette belle pierre ressemble parfaitement au buste publié par Fulvius-Ursinus dans son livre intitulé *Illustrium imagines*.

411. Apollonius de Thiane. Onix. Nicolo. 4e époque. Il n'existe de ce célèbre philosophe qu'on a osé comparer à Jésus-Christ, qu'une médaille contorniate, qui a été publiée par Ursinus, et qui après avoir été longtemps perdue, s'est retrouvée au cabinet des Antiques de la Bibliothèque royale.

412. Eucharis. Sardoine rubanée. 4e époque. Visconti a publié un buste d'Eucharis, danseuse d'Athènes, célèbre par son talent.

413. L'impératrice Livie. Jaspe vert. Renaissance.

414. Agrippine, mère de Néron. Prime d'émeraude. 4e époque.

415. Lucrèce Borgia. Agathe. Cette pierre est de la main de Valerio Belli, graveur célèbre de la renaissance.

416. La duchesse de Pompadour. Cornaline. L'on sait que cette dame gravait les pierres fines.

MÉDAILLONS GRECS.

417. Evagoras, roi de Ghypre.

418. Mithridate, roi de Pont

419. Philetaire, attale.

420. Arsinoe Philadelphe.

421. Lysimaque, roi de Thrace.

422. Ptolémée I^er^, roi d'Egypte.

423. Antiochus I^er^, roi de Syrie.

424. Antiochus III, idem.

425. Démétrius, I^er^, idem.

426. Antiochus Hierax, idem.

427. Séleucus IV, idem.

428. Tryphon, idem.

429. Antiochus Eusèbes, idem.

430. Philippe Epiphane, idem.

431. Tigrane, roi d'Arménie.

432. Une tétradrachme d'Athènes.

M. DRON ET Cie, marchands de curiosités, au Mans.

433. Manuscrit sur vélin, avec lettres en or et cartes géographiques, incomplet, 1543.

434. Montre antique, ovale, en cuivre doré, avec le cercle du cadran en argent. (Cette montre avait, quand on l'a trouvée dans ce département, au lieu d'une chaîne de fer ou d'acier, une corde de boyau pour la monter).

435. Dyptique en ivoire, Jésus crucifié et descendu de la Croix.

M. LE COMTE DESPLAS.

436. Lettre du maréchal duc de Lévis, 10 juillet 1786.

437. Lettre du maréchal Macdonald, 27 septembre 1823.

438. Lettre du prince de Condé (L. de Bourbon), de Saint-Luc, 27 août 1826.

439. Parure en noyaux de cerises.

440. Ecritoire chinoise.

Mme LA COMTESSE DE LA GIROUARDIÈRE.

441. Châtelaine. Epoque de Louis XV.

442. Buste en marbre, représentant M. de B. par Houdon.

443. Mosaïque romaine-moderne, montée en épingle.

444. Deux Mosaïques florentines.

---

## M. FLEURY, DU MANS.

445. Vierge allaitant l'Enfant Jésus, en ivoire.

446. Christ, en ivoire.

447. L'adoration des Mages, sculpture en bas relief.

448. Petite boîte ronde, émaillée.

---

## M. L'ABBÉ TOURNESAC.

449. Quatre tableaux en cuivre doré, Louis XIII.

450. Deux burettes d'argent, idem.

451. Trois parements d'autel, règne de Louis XIV.

452. Croix d'argent, de Louis XIII.

453, Custode en cristal, montée en vermeil, de François 1er.

454. Tavaïllole, règne d'Henri III (1588).

455. Petite table et son buffet.

---

## M. LEBOUCHER, pharmacien au Mans.

456. Cadres contenant quatorze émaux, la Passion de Jésus-Christ, commencement du XVIe siècle.

M. TENDRON de Coulans.

457. Email, saint Mathias.
458. Deux chaises, de la renaissance, Henri II.
459. Deux bas-reliefs, id.
460. Grand plat.
461. Portrait en broderie.

---

Mme DE MÉZIÈRES.

462. Groupe en biscuit de Sèvres.
463. Deux cassolettes, porcelaine de Saxe.
464. Pot à l'eau et cuvette, id.
465. Théière, id.
466. Tasse et soucoupe, porcelaine vieux Sèvres.
467. Bonbonnière en cristal, montée en or ciselé.

---

Mlle LETURE, du Mans.

468. Boîte à mouches, avec portraits de Louis XIV et de Marie-Thérèse.

---

Mme Ve FOURNIER.

469. Bas-relief encadré, l'adoration des Mages.

M. PAPIGNY, de La Flèche.

470. Deux ivoires sculptés, Louis XIV et Gaston.

---

M. FOURCHÉ, négociant au Mans.

471. Parchemin, signature de Louis XIII.

472. Parchemin, signature d'Henri III.

473. Parchemin, signature de Louis XVI.

474. Etat des membres de l'Institut avec leurs signatures émargées.

475. Lettre sur vélin portant permission, etc. signée Napoléon. Délivrée par le grand juge, signée duc de Massa. Vue par le maître secrétaire d'Etat, comte Daru.

476. Lettre de l'archevêque de Paris

477. Deux lettres de Madame la comtesse du Cayla à l'archevêque de Paris.

---

M. CHINDEY.

ALAC ET CAROLUS.

478. Portrait d'Enfantin, bronze.

---

## M. DE VAUGUYON.

479. L'amour adolescent, bronze, coulé sur une terre cuite de Clodion.

---

## M. BUSSON.

480. Saint-Guillaume } émaux signés Laudin de
481. La Vierge } Limoges.

482. Un meuble en marqueterie. 17e siècle.

---

## M. G***

483. Bénitier, Christ au roseau, cadre riche.

---

## Mme T***

484. Mendiant en pierre de Lard.

485. Deux flambeaux en coco sculptés.

---

## M. VALLÉE (Platon).

486. MSS. du commencement du XVIe siècle.

---

## M. TROUVÉ-CHAUVEL.

487. Christ en ivoire.

---

## M. LEDOUX.

488. Pistolet orné, portant les initiales de François Ier.

489. Plusieurs statuettes chinoises sous le même no.

## M$^{me}$ JURIS.

490. Sainte Catherine, émail de Laudin de Limoges.

## M. de CLERMONT.

491. Fusil à rouet et à mèche.

492. Grand pistolet à rouet

493. Dague de miséricorde.

494. Porte-cartouche.

495. Poire à poudre, aux armes du duc d'Epernon.

496. Paire de pistolets, à batterie moderne, de la première création.

497. Couteau avec sa gaîne.

498. La clef de la ville du Mans, offerte à Henri IV en 1589.

499. Couvre-chef, où Cotte saladine.

500. Pertuisane dorée.

501. Eperon doré, aux armes de la maison de Dreux.

502. Plat d'émail, de *Jehan Limousin* (XVI$^{e}$ siècle), émailleur limousin des plus distingués de la renaissance.

## M. R***.

503. Saint Antoine, statuette en marbre blanc.

504. Petit bronze antique.

505. Lafayette, relief en bronze, monté sur marbre.

506. Bailly.

507. Petite soupière (Japon).

# SUPPLÉMENT.

## TABLEAUX. — PREMIÈRE DIVISION.

### M. CH. DE S.-R.

ROSAERT.

508. Tableaux de fleurs.

BELDEMAKAER.

509. Fleurs, insectes, reptiles, quadrupèdes.

ECOLE ESPAGNOLE.

510 St.-Christophe.

SERCOZZI (dit Michel-Ange des Batailles).

511. Poissons.

### M. MARCELIN VÉTILLART.

JOLIVARD (André).

512. Vue de la Blanchirie de Pontlieue.

### M. DE COURCIVAL.

BAPTISTE MONNOYER.

513. Femme entourée d'une guirlande de fleurs.

## M^me^ CHARTIER.

LUCAS (attribué à), ancien directeur de l'Académie.

514. Bacchanales.

CRISPI (Marie).

515. Joueurs de cartes.

LANCRET.

516. Le Sopha.

---

## M. DE BELLEFILLE.

MAITRES INCONNUS.

517. Ste-Marthe, gouache italienne.

518. Deux miniatures.

519. Dessin à la plume.

---

## M. LECHAT.

VERBOECKHOVEN.

520. Un âne dans un paysage.

---

## M. BORDAU, peintre.

MAITRE INCONNU.

521. Ste-Famille.

M. GAUMÉ, maître de dessin.

BERGERET.

522. Deux vues de l'ancien hôtel de Fondville, 1769, aujourd'hui palais Episcopal.

M. VIDAL.

LECOEUR, né au Mans.

523. Le dernier Abencérage.

M. BOYER.

CARLE VANLOO.

523 *bis*. La Magdeleine.

CORRÉGE (d'après le).

523 *ter*. Le mariage de Sainte-Catherine.

CHARLES WALFORT, rue Menil-Montant, 3, à Paris.

524. Femme Albanaise de Garaffa. Calabre Ultérieure.

M. LOUIS LEMORE.

Mme CARLE VERNET.

524 *bis*. Portrait de femme. Pastel.

M. R.

MAITRES INCONNUS.

524 *ter*. Chaste Suzanne.

524. *quater*. Tête de mort.

# SUPPLÉMENT.

## CURIOSITÉS. — DEUXIÈME DIVISION.

### M. DINEAUX.

525. Groupe en pierre de Lard.
526. Meuble flamand en bois sculpté. XVIe siècle.
527. Claymore aux armes des Douglas.
528. Fusil à rouet.
529. Trois chaises.
530. Deux fauteuils.
531. Un faucon chaperonné.
532. Coffret, écail et ivoire.
533. Coffret, fer et peau de chagrin.

### M. VIDAL.

534. Meuble en marqueterie. Commencement du XVIIe siècle.

### M. L. DE LA SICOTIÈRE, d'Alençon.

535. Poire à poudre en ivoire, richement sculptée.

536. Fourchette, cuiller, couteau, riche garniture, imitation lapis, émail et or.

---

## M. DE BELLEFILLE.

537. Buste de M$^{me}$ de Fonville, signé de FERNEX.

---

## M. DE MORELL, d'Alençon.

538. Bague antique, trouvée en 1834 au doigt auriculaire droit du squélette de Fouquet, archevêque de Narbonne, et frère du surintendant des finances du même nom; mort en exil à Alençon vers 1640, et inhumé dans l'église des religieuses de Ste-Claire.

Une tradition de l'époque affirme que cet anneau, bien plus ancien que l'époque où vivait son dernier possesseur avait, appartenu à saint François de Salles, à qui il avait été envoyé par le pape.

---

## M. LEPRINCE.

539. Christ en fer ciselé par feu Pierre Hamelin, dit le Dragon.

540. Tête de mort à machoire mobile, s'ouvrant au

moyen d'un ressort et renfermant dans le crâne un tombeau et une Magdelaine, par le même.

---

M. COUDRAI.

541. Poignée d'épée, trouvée à Evron dans un tombeau en pierre.

---

Mlle DE VILLÉE.

542. Meuble en ébène sculpté, fin du XVIe siècle.

---

M. LEVILLAIN, pharmacien à Fresnay.

543. Mater Dei, émail, N. Laudin.
544. Portrait de S. François de Salles, miniature.

---

M. MARCELIN VÉTILLART.

545. Meuble écaille. Commencement du 17e siècle.
546. Fourchette à manche d'ivoire. 16e siècle.
547. Vases en porcelaine du Japon.
548. Deux fontaines en porcelaine de Saxe.

M. ÉV. FOURET.

549. Nielle du 15e siècle, attribué à Francia, maître en orfèvrerie du peintre Bolognais.

550. Faïence émaillée de la fabrique de Gubbio, Toscane. Commencement du 16e siècle.

---

M. DE COURCIVAL.

551. Groupes d'enfants, marbre blanc.

---

M. DESJOBERT.

552. Médailles consulaires. Soixante-dix-sept pièces.

553. Poteries gallo-romaines. Quatorze pièces.

---

M. FLEURY, conseiller de préfecture.

553 (*bis*). Médaille romaine, argent, ayant au revers le cheval de Troyes.

---

M. L'ABBÉ TOURNESAC.

554. Un petit émail du règne de Louis XIII. Jésus enseignant dans le temple.

555. Deux tableaux en cuivre doré, règne de Louis XIII. Ecce homo, Jésus et Marie.

556. Les trente-deux pièces d'un échiquier en ivoire, envoyé de la Chine par un missionnaire, à Notre-Dame de Sainte-Croix.

557. Tabatière en ivoire, représentant un chien couché, style Louis XV.

## M. LEDOUX.

558. Cinq magots en pierre de Lard.

559. Un fusil à rouet du temps de François Ier.

## M. ADRIEN MARTIGNÉ.

560. Voltaire et J.-J. Rousseau. Bronzes.

## M. LE MAIRE DE BRIONNE.

561. Meuble de la fin du XVIe siècle.

## Mme M***.

562. Boîte en ivoire, richement sculptée.

## M. BERARD.

563\. Portrait de Jacquard, imitation parfaite de la gravure par le tissage.

---

## M***.

564\. Deux hallebardes.

---

## M. BUSSON.

565\. Saturne, statuette en ivoire.

---

## M. GAUDE.

566\. Dieu marin. Bronze florentin.

567\. Satire. Buste en marbre blanc.

568\. Déjeuner. (Porcelaine.)

569\. Portrait mine de plomb, signé Ingres.

---

## M. CHINDEY.

570\. Coffret arabe, écaille et nacre.

## Mme LAMOUQUE.

571. Pendule, marbre blanc, temps de Louis XVI.

---

## M. GUERRIER.

572. Vase hexagone, représentant les travaux d'Hercule, émail.
573. Une sainte, émail.

FIN.

## LISTE ALPHABÉTIQUE

*Des personnes qui ont bien voulu exposer, avec les numéros des objets dont elles sont propriétaires.*

---

MM.

ARMINGAUD, 101 à 106.
BATINES (le comte de), 293 à 301.
BELLEFILLE (de), 517 à 519. — 537.
BENOIST, 186 à 189. — 338 à 372.
BERARD, 563.
BERTAULT, 334 à 337.
BIDAULT, 196-197.
BOILLEAU, 329 à 333.
BOISGUILBERT (de), 95 à 100.
BONNIÈRE, 123-124.
BORDEAU, 521.
BOURCIER, 132.
BOYER, 523 *bis*-523 *ter*.
BRIONNE (le maire de), 561.
BUSSON (Josias), 200-201 — 480 à 482—565.
CHMPEAU-DESAINT, 390 à 392.
CHARPENTIER (Mme), 184-185.

www.ingramcontent.com/pod-product-compliance
Ingram Content Group UK Ltd.
Pitfield, Milton Keynes, MK11 3LW, UK
UKHW021623260726
13994UKWH00003B/1034